KB013528

우울증을 어떻게 이길까?

민음 바칼로레아 033

우울증을
어떻게 이길까?

크리스티앙 스파돈 ㅣ 김정욱 감수 ㅣ 김성희 옮김

민음in

차례

질문 : 우울증을 어떻게 이길까?

우울증은 아주 흔히 볼 수 있는 심리적 질환이다. 우울증을 앓는 사람의 비율은 어느 나라나 비슷하게 나오는데, 한 나라를 대상으로 조사했을 때 우울증을 앓는 사람이 전체 인구 중 약 3~5퍼센트에 해당한다는 결과가 나왔다. 이를 토대로 추산해 보면, 한국에도 우울증 환자가 120만 명에서 200만 명쯤 된다고 볼 수 있다.

또한 우울증은 성별에 따라 다르게 나타난다는 사실을 알 수 있다. 나이를 기준으로 했을 때는 어린아이에서부터 노인에 이르기까지 모든 연령층에서 고르게 발병하지만, 성별을 기준으로 했을 때는 남성보다 여성에게 더 많이 발병한 것으로 밝혀졌다.

살아가면서 남성이 우울증에 빠질 위험은 10퍼센트를 약간 넘는 데 비해 여성이 우울증에 빠질 위험은 무려 25퍼센트나 된다. 즉 네 명의 여성 중 한 명은 인생의 이런저런 시기에 우울증을 경험했거나 현재 경험하고 있거나 앞으로 경험할 것이라는 말이다.

오랫동안 사람들은 우울증을 문명병* 내지는 선진국병으로 취급해 왔다. 그러나 세계 보건 기구(WHO)의 후원으로 진행된 여러 연구 결과에 따르면, 그것은 사실이 아니다. 우울증은 선진국뿐만 아니라, 모든 나라에서 고르게 발병하는 것으로 드러났기 때문이다.

우울증에 따른 자살 위험 역시 모든 문화권에서 골고루 나타난다. 단 몇몇 나라가 좀 더 특수한 양상을 보일 뿐이다. 예를 들면 이슬람 국가가 서방 국가에 비해 상대적으로 자살률이 훨씬 낮고, 핀란드와 헝가리와 같은 나라는 자살률이 아주 높다. 그리고 전쟁이나 자연 재해 등과 같은 특별한 위기 상황에서는 어느 나라건 자살률이 눈에 띄게 떨어진다.

• • • •

문명병 신경 쇠약이나 근시와 같이 물질문명이 지나치게 발달해서 생기는 병으로, 문화병이라고도 한다.

우울증은 우선 개인이 고통을 받는 질환이다. 하지만 병이라는 게 병 자체만이 아니라 병을 앓으면서 생기는 장애와 그에 따른 생활의 변화가 문제인 것처럼, 우울증의 사회적인 파급 효과 또한 결코 만만치 않다.

예를 들어 우울증 때문에 직업 활동과 사회 활동에 타격을 받는 것은 물론이거니와 오랜 시간 우울증에 시달리다 보면 폐쇄적이다 못해 자칫 사회 부적응자가 되는 결과까지 생긴다.

세계적으로 볼 때, 2020년이 되면 질병 치료에 쓰는 비용 면에서 우울증이 관상 동맥 질환˙의 뒤를 이어 높은 순위에 오를 것으로 전망된다. 따라서 우울증 증세가 감지되면 되도록 빨리 자신의 심리적 이상을 인정한 뒤 치료를 받는 것이 개인뿐만 아니라 사회적으로도 유익한 일이 될 것이다.

그런데 이상하게도 우울증은 전 세계적으로 보건 문제를 일으키고 있으면서도, 어디서나 과소평가되는 측면이 없지 않아 있다. 우울증은 결코 가볍게 넘길 수 있는 질환이 아니다.

●　●　●　●

관상 동맥 질환 관상 동맥은 심장을 싸고 있는 동맥으로, 심장 근육에 산소와 영양을 공급한다. 이 동맥이 좁아지거나 혈전이 쌓여 심장 근육의 혈류 공급에 장애를 일으키는 각종 질환을 통틀어 관상 동맥 질환이라고 하며, 협심증과 심근 경색증이 대표적인 질환이다.

왜냐하면 그것은 정신 상태가 해이해져서 생기는 것도 아니고 팔자소관도 아닌, 그야말로 병이기 때문이다. 따라서 우울증을 치료하고 고치기 위한 첫 번째 단계는 우울증이 병이라는 사실을 인정하는 일이다.

다른 모든 질환과 마찬가지로 우울증은 증상이 매우 분명하다. 그래서 의사는 그러한 증상들에 대해 진단을 내린 다음 치료에 들어간다. 물론 다른 신체 질환처럼 방사선 촬영이나 혈액 분석 등 질환을 객관적으로 확인시켜 주는 보조 검사를 하는 것은 아니다. 그러나 주의 깊게 체계적으로 진찰을 하면 전문의가 쉽게 확인할 수 있을 만큼 우울증의 증상은 매우 뚜렷하게 나타난다.

그런데 우울증 치료 과정에서 어려운 부분은 오히려 진단보다는 진단 이전과 진단 이후이다.

진단 이전의 문제는 많은 사람들이 우울증을 앓으면서도 선뜻 그 사실을 인정하지 않는 데다 진찰은 더더욱 받지 않으려 한다는 것이다. 게다가 대부분 사람들이 우울증에 대해 아직 잘 모르고 있으며, 우울증에 시달리는 사람이나 그 주위 사람들조차 완전히 잘못 알고 있는 경우가 허다하다. 심지어 의사조차도 정신적인 장애가 전문 분야가 아닐 경우는 신체적인 장애와 관련된 불평 뒤에 숨어 있는 우울증 증상을 놓칠 수 있다.

진단 이후의 문제로는 우울증 환자에 대한 의학적 치료를 들 수 있다. 즉 우울증이 재발하거나 치료가 잘 듣지 않는 경우란 대부분 우울증 치료가 정확하게 이루어지지 않았기 때문인 것으로 밝혀졌다.

이는 효과적인 치료 방법이 없어서가 아니라, 앞에서도 말했듯이 우울증이라는 질환이 여전히 과소평가되고 있음을 보여 준다. 다시 말해 환자들이 우울증이 병이라는 사실을 잘 인정하지 않으며, 의사들 역시 신체 질환에 비해 정신 질환에는 덜 민감한 편이다. 아울러 문화적으로도 정신적인 불편에 대해서는 도움을 청하기가 쉽지 않다.

치료를 정확하게 따르기가 어렵다는 것 또한 우울증 치료에 제동을 건다. **치료 순응**은 치료를 정확하게 따르는 것을 가리키는 말로, 우울증 상태를 치유하는 데 가장 중요한 요소라고 할 수 있다. 이것이 제대로 이루어지지 않으면 재발 위험이 커지며, 특히 요즘 사회 문제가 되는 것도 이 때문이다.

학자들이 우울증에 관해 관심을 기울이며 연구하기 시작한 것은 얼마 되지 않는다. 그러나 우울증은 이미 고통과 장애의 주요 원인 제공자 중 하나로 꼽히고 있다.

그래도 다행히 희망은 있다. 효과적인 치료법이 발견되지 않은 질환도 많다는 점을 고려할 때, 우울증은 그렇게 나쁘지만은 않은 상황이다. 우울증은 '단지'(이렇게 말할 수 있다면) 현재 가진 치료법을 되도록 잘 실행하기만 하면 치료될 수 있기 때문이다.

1

우울증은
어떤 병일까?

우울증은 어떤 증상이 나타날까?

우울증은 병에 걸린 사람에게 막대한 지장을 초래하는 질환 중 하나이다. 가벼운 우울증일지라도 일상 생활에 큰 영향을 미친다. 우울증 환자는 사람들과 접촉하는 것을 꺼려해 혼자 떨어져 지내는 경우가 많다. 매사에 의욕이 없고 투지도 떨어진다. 일상 생활 자체가 부담스러워 그냥 내버려 두거나 밀어낼 때가 많다. 그러다가도 우울증 증상이 사라지면 금세 정상으로 돌아가기도 한다.

그러나 대개 우울증은 오랫동안 지속되며, 경우에 따라서는 치유된 후에도 몇 달 동안 영향을 끼치기도 한다. 따라서 우울증은 결코 가볍게 여길 병이 아니며, 반복해서 말하건대 심각한 상태가 되기 전에 치료를 해야 한다.

모든 병과 마찬가지로 우울증에 걸리면 다른 병과 변별할 수 있는 주요 증상이 나타난다. 의심스러운 경우, 너무 늦지 않게 의사에게 진찰을 받기 위해서라도 그 증상에 대해 알고 있는 것이 중요하다.

우울증의 핵심은 슬픈 기분이다. 잠시 지나가는 울적한 기분이 아니라 아주 뚜렷하게 슬픔이 밀어닥친다. 그것도 며칠 또는 몇 주씩 지속되면서 때로 눈물을 흘리며 슬퍼하는 경우도 있다. 우울증을 경험한 많은 사람들은 이때 겪는 정신적 고통이 어떠한 신체적 고통보다 훨씬 더 고통스럽고 괴롭다고 말한다.

그러한 슬픔 못지않게 나타나는 두드러진 특징은 삶에 대한 무미건조한 반응이다. 우울증 환자는 모든 것에서 재미와 흥미를 잃고, 생활에서 어떠한 기쁨도 느끼지 못한다. 때로는 감정을 느끼는 데 곤란을 겪기까지 한다. 우울증을 앓고 있는 어머니는 아이를 더 이상 돌보고 싶어 하지 않으며, 아이와 놀아 주는 것에서 아무런 기쁨도 느끼지 못한다. 체스 애호가였던 사람이 우울증에 걸리면 더 이상 체스를 즐기지 않을 뿐더러 흥미조차 느끼지 못한다.

이처럼 사는 게 무미건조하면 만사가 밝게 보일 리 없다. 우울증 환자는 비관적으로 되고, 스스로에 대해 가치가 없다고

우울증에 걸리면 생활의 기쁨을 전혀 느끼지 못하고 매사에 아무런 의욕이 생기지 않으며
수면 장애, 식욕 부진, 성욕 장애 등을 겪는다.

생각하며, 자기 자신을 전혀 좋아하지 않는다. 패배감과 무력감에 빠져들고 자신감을 상실한다. 우울증 환자는 자신의 세계에 틀어박힌 채 스스로 무능하고 쓸모없는 존재라고 여긴다.

이를테면 '뭘 하든 무슨 소용이 있겠어. 내가 하는 건 다 엉망인데…….' 라는 식이다. 이런 감정이 때로 너무 심해지면 자살까지 생각하기도 한다.

'난 아무 쓸모가 없어. 하려는 것마다 다 망치잖아. 난 모두에게 짐 덩어리야. 그 짐에서 벗어나게 해 주는 게 차라리 나을 거야.'

의욕 상실 또한 우울증의 특징 가운데 하나다. 우울증을 겪어 보지 못한 사람이 이해하기 가장 어려운 증상이 아마 의욕 상실일 것이다. "힘을 내." "의욕을 좀 보여 봐." 같은 소리조차 우울증 환자에게는 도움이 되기보다 자신감만 더 상실시킨다. 모든 사람이 힘을 내야 한다고 말을 하는데, 정작 자신은 그렇게 하지 못하므로 오히려 자책하는 것이다.

우울증의 또 다른 특징은 정신적으로나 신체적으로 둔화된다는 것이다. 특히 상태가 심할 때는 평상시보다 더 느리게 생각하고 말하며, 늘 피곤하고 기력이 없다고 느낀다. 솔선해서 무언가를 하는 법이 없고, 아주 사소한 것을 결정할 때에도 시간이 지나치게 오래 걸리며, 정신을 몰두하고 주의를 집중하지 못한다.

끝으로, 우울증 환자는 수면 장애와 식욕 부진, 성욕 장애, 심한 불안감을 보이는 경우가 많다.

이처럼 우울증 증상들은 다양하다. 물론 환자마다 차이가 있고, 모든 증상이 한꺼번에 나타나는 것도 아니다.

그렇다면 우울증이라고 확실히 말할 수 있는 시기는 언제일까? 앞에서 설명한 여러 증상 가운데 하나만 나타나도 우울증이라고 말할 수 있을까?

그렇지는 않다. 여러 가지 증상이 동시에 나타나야 우울증이라는 진단이 가능하다. 게다가 그 증상들이 오랜 시간에 걸쳐 나타나고 있는지도 확인해야 한다. 몇 시간이나 며칠 정도 계속되는 슬픔은 인간이 느끼는 보통 감정에 속하기 때문이다. 따라서 우울증에 걸렸다고 말하려면 그러한 증상들이 일주일 이상 변함없이 지속되어야 한다. 또한 그 증상들이 병적 이상으로 고려될 만큼 일정한 강도를 지녀야 한다. 살다가 얼마간 활기가 좀 떨어신나거나 시는 즐거움이 좀 덜한다거나 하는 것은 지극히 정상적인 현상이기 때문이다.

우울증이라고 말하기 위해 필요한 조건 가운데 마지막으로 살펴야 할 점은, 증상이 그 사람의 정상적인 상태에서 얼마나 크게 벗어나는가이다. 실제로 사람들 중에는 근심 걱정이 많은 사람들도 있고, 원래부터 의지가 약한 사람들도 있으며, 자기 비하나 비관주의에 빠지는 경향이 있는 사람들이 있다. 그리고 즐기면서 사는 것에 그다지 투자를 하지 않는 사람들도 있다. 그렇다고 해서 이 모두가 우울증 환자는 아니다.

여기서 우리는 정신 장애의 본질적인 특징 중 하나를 알 수 있다. 즉 정신 장애란 정상적인 감정의 '과장'에 지나지 않는다는 것이다. 자기 자신이 관련되었을 때든 다른 사람들이 관련되었을 때든 그것을 병이라고 인정하기가 그토록 어렵고 망설여지는 것도 바로 이 때문이다.

우울증의 원인은 무엇일까?

우울증의 원인은 다양하다. 선천적인 요인과 후천적인 요인 그리고 오래전에 일어난 일과 최근에 일어난 일이 복잡하게 얽혀 있다. 게다가 우울증을 발병시킨 가장 큰 요인이라고 해서 반드시 가장 뚜렷하게 드러나는 것도 아니다.

사람들은 우울증 증상이 나타나면 당장 눈에 보이는 환경적 요인에서 그 원인을 찾는 경향이 있다. 사랑하는 이가 죽었다거나 사고를 당했다거나 병에 걸렸다거나 하는 것들 말이다.

물론 그러한 것들이 우울증을 초래하는 데에 크게 작용할 수는 있다. 나쁜 일들이 연속해서 일어났을 경우에는 더욱 그러하다. 하지만 가장 심각한 사건이 반드시 우울증의 직접적인 원인이 되는 것은 아니다. '마지막 한 방울의 물'이 잔을 넘치게 하는 것처럼 이전에 일어난 일들이 풀리지 않고 쌓여 있는 상태에 아주 사소한 사건이 더해져 우울증이 생길 수도 있다. 또 어떤 경우에는, 이미 잊어버린 것으로 믿었던 과거의 힘든 기억이 어떤 사건 때문에 스트레스를 받아 다시 살아나 우울증의 원인이 되기도 한다.

이처럼 최근에 일어난 사건이 우울증 단계로 넘어가게 하는 스위치 역할을 하는 것은 맞을지 몰라도, 가장 중요한 역할을 하지는 않는다. 같은 사건을 겪는다고 모든 사람이 우울증 증상을 보이는 것은 아니기 때문이다.

대수롭지 않은 사건에도 심각한 우울증에 걸리는 사람들이 있는가 하면, 어떤 사람은 너무나 끔찍한 상황도 잘 견뎌 낸다. 그렇다고 해서, 후자인 사람이 힘든 상황을 덜 고통스럽게 느낀다는 말은 아니다. 그들 역시 다른 사람들과 똑같은 고통을 느낀다.

문제는 앞에서 이미 강조했듯이, 우울증이 힘든 상황에 처했을 때 당연하게 나타나는 슬픔이 아니라, 그런 상황에 병적으로 반응하는 것, 즉 하나의 병이라는 데에 있다.

그래서 대부분의 정신 질환과 마찬가지로 우울증에도 **취약성**이 있다고 한다. 다시 말해, 우울증에 잘 걸리는 사람이 있다는 뜻이다. 그러한 취약성은 유전적인 요소(유전자에 기록된 취약성)와 개인적인 내력, 성격에 영향을 받기 때문에 개인에 따라 다르다.

사람은 성인이 되면 성격을 이루는 주요 특징이 거의 정해진다. 그리고 그 성격에 따라 살면서 만나게 되는 여러 상황에 반응하는 방식이 결정된다. 성격은 유전적인 요인에 환경적인 요인이 더해져서 형성되며, 정신 분석 이론에서 강조했듯이, 특히 어린 시절에 접하는 환경적인 요인에 커다란 영향을 받는다.

따라서 우울증은 두 가지 차원에서 유전학과 밀접한 관련이 있다. 첫째는 우울증에 취약한 유전자가 존재한다는 것이다. 그리고 둘째는 우울증에 대한 취약성을 결정하는 요소 중 하나인 성격이 형성되는 데에도 유전적인 영향이 있다는 것이다. 이 때문에 현대 과학에서는 우울증에 대한 설명 중 유전적인 요인에 가장 무게를 실어 주고 있다.

유전자는 발병에 직접적인 원인이 되는 것은 아니지만, 병에 잘 걸리느냐 걸리지 않느냐 하는 것에는 영향을 미친다. 우울증에 대해 유전적으로 취약하면 취약할수록 외적으로 뚜렷한 발병 요인 없이도 우울증을 겪을 위험은 커진다. 반대로, 우울증에 대해 유전적으로 취약한 성질이 적은 사람은 매우 힘든 사건에 접했을 때가 아니면 우울증 증상을 잘 보이지 않는다.

물론 특별히 힘들고 슬픈 일을 겪은 뒤에 우울증이 나타났다면, 그 일이 첫 번째 원인일 것이다. 하지만 그러한 상황에서 우울증이 나타나느냐 나타나지 않느냐의 여부는 의사들이 **체질**이라고 부르는 것, 즉 그 사람의 생물학적 특성과 성격, 그리고 힘든 사건이 발생한 순간까지 개인적인 내력을 형성해 왔던 모든 것에 좌우된다. 그리고 보면 비슷한 상황에서도 각자 다르게 반응한다는 것은 인간의 다양성을 위해서는 참 다행스러운 일인지도 모르겠다.

우울증에 대한 이러한 설명이 아무리 만족스럽다 해도, 지금으로서는 여전히 이론일 뿐이다. 지금까지 우울증 환자의 가계를 대상으로 많은 연구가 이루어져 왔다. 특히 쌍둥이에 대한 연구는 유전적인 요인과 환경적인 요인을 구별하는 데 큰 성과를 거두었다.

그 연구들을 종합해 보면 유전이 우울증 발병에 커다란 영향을 미친다는 사실은 확실해 보인다. 하지만 유전적으로 우울증에 취약한지 아닌지를 결정하는, 한 개인의 염색체에 나타날 수 있는 특정 유전자를 명백하게 규명해 내지는 못했다. 의료 유전학이 아무리 더 발전한다 해도, 단 하나의 우울증 유전자를 찾아낼 수는 없을 것이다. 다른 모든 정신 질환이 복합적인 유전적 전달에 따라 나타나는 병으로 분류되는 것처럼 우울증도 관련해서 찾아야 할 유전자가 한두 개가 아니기 때문이다.

즉 우울증에 대한 취약성은 단 하나의 우울증 유전자 때문이 아니라 여러 유전자가 결합하여 나타나는 것이다. 또한 그 유전자들은 환자의 가계에 따라 서로 다를 것이기 때문에 우울증 유전자를 모두 정확하게 기술하는 것은 어려운 일이다.

따라서 우울증의 원인을 말한다는 것은 사실 그렇게 간단하지가 않다. 다만 우리가 확실히 알 수 있는 사실은, 우울증은 여러 요인이 복합적으로 결합해서 나타난다는 것이다.

2

우울증은
어떻게 치료할까?

우울증 치료에는 무엇이 필요할까?

의사의 결정대로 환자가 따라가던 시대는 점차 옛말이 되어 가고 있다. 환자 협회에서 선택한 용어대로 이제 환자는 '의료 이용자'가 된 것이다. 의사가 걸치고 있던 후광은 그 빛이 약해진 듯하나 환자의 입장에서 볼 때 치료의 실효성은 크게 커진 셈이다. 이제 환자가 치료에 적극적일수록 더 좋은, 더 효과적인 치료를 받을 수 있는 기회가 늘어난 것이다. 정신 장애 분야에서는 특히 그러하다.

우울증 치료는 의사와 환자의 진정한 협력을 통해 이루어져야 한다. 재발이 빈번한 경우에는 수년이 걸릴 수도 있는 만큼 오랜 시간에 걸쳐 치료가 이루어지기 때문이다. 어떤 사람은 시간이 오래 걸린다는 것을 하나의 제약으로 여기고 매우 부담스럽게 느끼는 경우도 있다.

따라서 그러한 부담을 덜어 주고, 동시에 치료가 정확하고 규칙적으로 이루어질 수 있도록 가능한 한 모든 방법을 동원해야 한다. 환자가 치료를 착실하게 제대로 따라야만 우울증이 완치될 수 있기 때문이다. 더불어 환자와 의사가 우울증과 치료법, 환자가 치료법을 제대로 따랐을 때 기대되는 효과, 혹시 있을 수 있는 부작용에 대해 자유롭게 논의하는 분위기도 꼭 조성되어야 한다.

우울증 치료는 대부분 정신 장애에 대한 치료와 마찬가지로 두 가지 방법을 주로 사용한다. 바로 약물 치료(정신 장애를 치료하기 위한 약을 특별히 **향정신성 의약품**이라고 부른다.)와 심리 치료이다.

약물 치료는 어떻게 하는 것일까?

우울증 환자에 대해 의사가 가장 많이 쓰는 방법은 항우울제를 처방하는 것이다. 항우울제 계열에 속하는 약품은 1950년대 말에 등장했는데, 우울증 치료에 그야말로 혁명적인 변화를 가져왔다. 실제로 그 이전에는 우울증을 치유하는 데에 시간이 훨씬 더 많이 걸렸다.

19세기 정신 감정의로 불린 초기 정신과 의사들은, 우울증을 치료하지 않고 그냥 '자연스러운' 상태로 내버려두면 평균 6개월에서 9개월 동안 병이 점점 악화되고, 급기야 자살 충동까지 일으킬 정도로 환자에게 심각한 영향을 미친다고 기록해 놓고 있다.

항우울제 계열로 분류되는 여러 약품들은 우울증을 막는 데 효과적이라는 공통점을 가지고 있다. 하지만 주된 증상과 부작용은 약품마다 서로 차이가 있을 수 있다. 특히 부작용은 약품에 따라 아주 다양하고, 같은 약이라 해도 사람에 따라 달라진다. 다시 말해 모든 항우울제에서 똑같이 나타나는 부작용 같은 것은 없으며, 어떤 사람에게 어떤 부작용이 나타날지 예측할 수도 없다.

일반적으로 최근에 나온 항우울제는 그 효력이 매우 확실하며, 단기적으로 사용하든 장기적으로 사용하든 부작용이 거의 없는 게 특징이다.

모든 항우울제는 슬픔과 무관심, 기쁨의 상실과 같은 우울증의 주요 증상에 효과적이다. 그러나 약품마다 나름대로의 특징을 가지고 있으며, 가장 주된 증상이 무엇인지에 따라 어떤 약품으로 치료할 것인지 처방이 달라진다.

예를 들어 피곤한 느낌이 가장 문제가 될 때는 자극제 성향의 항우울제가 도움이 될 것이다. 반대로 불안감과 불면증 때문에 고통스러워하는 경우에는 진정제나 진통제 계열의 약을 처방하는 것이 더 바람직할 것이다.

우울증을 치료하기 위한 조건 중 하나는 약의 복용량과 처방 기간, 치료 속도, 다른 약의 병용 투여 등의 문제를 모든 전문의가 인정하는 규칙에 따라 처방해야 한다는 것이다.

치료법이 정확하게 이행되어야 한다는 것도 치유의 조건이다. 예를 들어 약의 복용량을 지키는 것은 매우 중요하다. 통증을 가라앉히기 위해 아스피린을 복용할 경우, 반 알만 먹으면 한 알을 먹을 때보다 통증이 줄어드는 정도는 덜하지만, 효과가 전혀 없는 것은 아니다. 그런데 항우울제는 그렇지가 않다. 처방된 양의 절반만 먹으면 절반만 효과를 얻는 게 아니라, 치료가 완전히 무효로 돌아가는 경우가 대부분이다. 일종의 '모 아니면 도' 규칙이 적용된다고 할 수 있다.

또 한 가지 알아야 할 점은, 항우울제는 2주 내지 3주, 어떤 경우에는 그 이상 복용한 후에야 효과가 있다는 사실이다. 따라서 인내심을 가지고 과정을 지켜봐야만 한다. 나아지고 있을 때에도 인내심이 필요하다.

실제로 치료를 몇 주간 하고 나면 대개 우울증 증상이 사라진다. 하지만 그렇다고 해서 치료를 중단해서는 안 된다. 열이 떨어졌거나 통증이 가셨다고 아스피린을 그만 먹는 것과는 차원이 다르다. 성급하게 치료를 중단할 경우 대부분 우울증이 재발하기 때문이다. 더욱이 치료를 중단해도 처음 두세 달 동안은 우울증 증상이 나타나지 않기 때문에 환자는 쉽게 치료를 그만두는 경우가 많다.

그러나 대개는 그 후에 우울증 증상이 이전과 동일한 방식으로 또 나타난다. 그제야 환자는 항우울제를 다시 찾아 복용을 하지만, 처음처럼 효험을 보기가 어렵다. 같은 치료 방법일지라도 재발했을 때는 잘 낫지 않는 경우가 허다하다. 그러므로 일단 치료를 시작했으면 시간이 걸리더라도 완전히 치유될 때까지 계속하는 것이 바람직하다.

적절한 치료를 했을 때와 하지 않았을 때, 병의 진행은 눈에 띄게 차이를 보인다. 이 사실로 미루어 볼 때 우울증에서 올바른 치료가 얼마나 중요한지 알 수 있다.

우울증은 적절한 치료가 이루어졌을 경우 일반적으로 몇 주만에 치유가 된다. 하지만 치료를 하지 않을 경우에는 몇 달간 지속된다.

재발 성향 또한 우울증이 진행되면서 자주 나타나는 주요 특징으로 알려져 있다. 여러 나라의 국민을 대상으로 실시한 보건 연구에 따르면, 우울증에 걸렸던 사람 중 절반 이상이 살면서 적어도 한 번은 다시 우울증을 겪는다고 한다. 그리고 우울증을 이미 여러 번 앓았던 사람일 경우, 재발 가능성은 한층 더 높아진다.

그나마 다행스러운 사실은, 이 연구가 단순한 관찰에 따른 통계 수치 자료라는 점이다. 더욱이 이 연구 조사에서는 환자가 정확하게 치료를 받았는지 아닌지는 고려하고 있지 않다. 정확한 진단을 내려 적절히 치료하면 우울증 증상이 훨씬 나아진다는 것만은 확실하다.

이미 여러 번 우울증을 경험한 사람을 대상으로 수많은 조사를 실시한 결과, 항우울제 치료는 오랜 기간 동안 계속되어야 한다는 결론이 나왔다. 또한 좀 더 정확한 조사를 위해 환자도 의사도 어떤 약이 처방되었는지 모르는 상태에서 약효를 검증하는 '이중 맹검법'을 사용한 실험에서도 결과는 마찬가지

● ● ●

이중 맹검법 환자와 의사 양쪽에 치료용 약과 심리적 효과를 일으키기 위한 가짜 약을 똑같이 주고, 제삼자인 판정자만이 그 구별을 아는 상태에서 약효를 검정하는 방법. 암시 작용과 같은 심리적 요인을 배제한 상태에서 약의 효과를 객관적으로 올바르게 평가하기 위해 쓰인다. 환자나 의사 어느 한쪽에만 투약 내용을 알리지 않을 경우에는 단순 맹검법이라고 한다.

였다. 한 그룹의 환자들에게는 플라시보 효과를 이용하여 약물적인 효능이 전혀 없는 가짜 약을 항우울제라고 주고, 다른 한 그룹에게는 진짜 항우울제를 주었는데, 양쪽 모두 오랫동안 약을 투여한 경우일수록 재발률이 적었다. 단, 장기간에 걸쳐(연구에 따라 1년부터 5년까지) 진짜 항우울제로 계속 치료를 받은 환자들이 플라시보 약을 받은 환자들보다 재발 빈도가 두 배 정도 낮게 나타났다.

요컨대 우울증을 발견했을 때 충실하게 치료하면, 장기적으로 재발을 막을 수 있는 힘이 환자에게 생긴다는 것을 알 수 있다. 재발 위험이 있는 환자나 우울증을 이미 두세 번 앓았던 환자는 이 점을 더욱 간과해서는 안 된다. 결정을 내리는 것은 각자의 자유이지만, 치료 과정에서 부작용이 나타나지 않았다면(최근에 새로 나온 항우울제는 부작용이 극히 적다.) 오랫동안 계속 치료를 받는 것이 바람직하다. 그것이 우울증의 재발을 막는 길이다.

항우울제는 어떤 원리로 작용하는 것일까?

최초의 항우울제는 우연히 발견되었다. 1957년 미국의 정신과 의사 클라인은 결핵 치료제인 이프로니아지드가 환자들에게 행복감을 준다는 사실을 발견했다.

같은 해, 스위스의 정신과 의사 쿤은 정신 분열증˙ 환자들을 대상으로 클로르프로마진으로 만든 새로운 약을 시험했다. 클로르프로마진은 1952년부터 정신 장애를 치료하는 데 효과가 있는 것으로 인정받은 약이다. 쿤은 이미프라민이라는 이 새로운 약도 클로르프로마진과 마찬가지로 환자의 정신병적 증상(정신 착란, 환각 등)을 개선시켜 줄 것으로 기대했다. 그런데 환자들을 주의 깊게 살펴본 결과, 그 약이 특히 우울증에 효력이 있다는 것을 알게 된 것이다.

그렇게 해서 환자 치료에 특히 중점을 두고 있는 임상 의학˙ 쪽에서 먼저 두 가지 계열의 약품을 처음으로 항우울제로 인정

정신 분열증 주로 청년기에 나타나는 정신 질환 중 하나이다. 자기를 둘러싼 외부 세계와의 접촉을 꺼리고, 사고나 감정, 행동 따위에 통일성이 없어지는 증상을 보인다.

임상 의학 의학은 임상 의학과 기초 의학, 사회 의학으로 구별할 수 있다. 임상 의학은 환자를 대상으로 직접 접촉하면서 치료하고 연구하는 것으로, 내과와 외과, 소아과, 산부인과, 안과, 피부과, 정신과 등 병원이라고 했을 때 우리가 일반적으로 떠올리는 것을 가리킨다. 그에 반해 기초 의학은 의학의 기초로서 학문적인 성격을 띠며, 해부학과 병리학, 미생물학, 약리학 등이 해당된다. 사회 의학으로는 공중 위생학과 법의학, 병원 관리학 등이 있다.

했다.

첫 번째는 MAOI(모노아민옥시다아제 억제제) 계열로서, 뇌 🍎
속 **신경 전달 물질**의 신진 대사에 중요한 역할을 하는 모노 🍎
아민옥시다아제라는 효소의 작용을 억제하는 기능을 가지고
있다.

두 번째는 **삼환계 항우울제**인데, 화학 구조가 탄소 원자 세 🍎
개가 서로 연결되어 고리를 이룬 모양이어서 삼환계라는 이름
이 붙었다. 이 약도 신경 전달 물질에 작용한다.

임상 실험을 바탕으로 한 이러한 발견에 뒤이어, 학문적인
연구에 따른 발전도 이어졌다. 항우울제는 특히 기존 항우울제
를 유추하는 과정을 통해 발전했다. 즉 분자 생화학 구조의 유
사성이나 약물적 유사성, 뇌 수용체에 대한 작용의 유사성을
검토하는 것이다. 실제로 오늘날 정신 장애에 효과적인 약품을
연구할 때 뇌에 관한 생화학적 지식을 기초로 삼는다.

그렇다고 해서 항우울제의 정확한 작용 방식이 확실하게 알
려져 있는 것은 아니다. 하지만 분명한 사실은 실험용 동물에

• • • •

신경 전달 물질 몸속의 신경 세포에서 나오며, 인접하는 신경 세포나 근육에 정
보를 전달하는 물질. 아세틸콜린과 아드레날린, 도파민, 세로토닌 등이 있다.

게 규격화된 검사를 했을 때, 항우울제 계열 약품은 모두 비슷한 행동 변화를 일으킨다는 것이다.

가령, 생쥐를 물통에 빠트린 다음 빠져나올 수 없게 막으면, 그 생쥐는 결국 헤엄치기를 포기하게 된다. 의인화시켜 말하면 '절망 행동'을 보이는 것이다. 그런데 어떤 종류이든 간에 항우울제를 미리 투여한 다음 동일한 상황에 빠트리면, 생쥐가 생존 행동을 포기하는 시점이 뒤로 늦추어지는 현상이 나타난다.

그러나 생쥐에게 일어난 사실을 사람에게 단순하게 확대 적용하는 것은 위험천만한 일이다. 물론 사람에게 항우울제를 처방했을 때도 똑같은 생화학적 변화가 관찰되기는 한다. 하지만 인간의 경우, 생물학적 반응을 촉진하는 요인과 억제하는 요인, 다양한 조절 메커니즘 등과 같이, 생화학적 변화와 감정 변화 사이의 인과 관계에 영향을 미치는 요인이 무척 복잡다단하다. 그래서 생화학적 변화와 감정 변화 사이에 확실한 인과 관계를 설정하기는 여전히 어려운 상황이다.

MRI° 같은 기기를 이용해 촬영한 뇌 단층 검사를 통해 우

• • • •

MRI(magnetic resonance imaging)　자기 공명 영상법. 사람의 몸을 구성하는 특정 원자(주로 수소)가 방출하는 전자기 에너지를 측정해서 몸 안의 영상을 만들어 보여 주는 의료 기술.

울증 환자에게서 관찰되는 몇몇 뇌 기능 이상이 항우울제 치료로 고쳐진다는 사실이 분명하게 확인되었다. 그리고 뇌의 어느 영역이 문제가 되며, 나아가 어떤 형태의 뉴런 이 개입되어 있는지도 밝혀지게 되었다.

하지만 항우울제를 처방했을 때 뇌 기능이 변화했다고 해서 항우울제의 작용 방식을 찾았다고 말할 수는 없다. 그 변화가 우울증 증상에 대한 항우울제의 효력 때문이라고 단언할 수 없기 때문이다. 더구나 심리 치료 후에도 일부에서 같은 변화가 나타난다는 사실 때문에 더욱더 항우울제의 효과와 뇌 변화를 직접 연결시키기는 힘들다.

따라서 항우울제의 작용 방식과 관련해서는 가설만 존재한다. 현재 가장 많은 지지를 받는 가설 모델은, 항우울제가 주요 신경 전달 물질계에 변화를 야기하는 방식을 통해 작용한다고 가정한다. 즉 세로토닌, 노르아드레날린, 도파민 등 감정

. . . .

뉴런 신경 세포와 거기에서 나오는 돌기를 합친 것으로, 자극을 수용하고 전달하는 기능이 있는 신경계의 기초 단위.
세로토닌 사람의 기분과 식욕, 수면 욕구에 중요한 역할을 하는 뇌 전달 물질.
노르아드레날린 부신에서 분비되는 호르몬. 아드레날린과 함께 외부 자극에 대한 몸의 변화를 조절하는 역할을 하기 때문에 스트레스 호르몬이라고도 한다. 노르에피네프린, 노라드레날린이라고도 한다.

조절에 영향을 끼치는 신경 전달 물질에 항우울제가 어떤 영향을 미치는가에 초점을 두는 것이다. 우울증에 걸린 사람에게 나타나는 생화학적 변화 중 혈액 속을 지나는 세로토닌의 농도 변화가 뚜렷하게 나타난다는 점이 그 근거로 제시된다.

뇌에 있는 뉴런은 신경 전달 물질을 이용해 다른 뉴런에 정보를 전달한다. 여러 신경 전달 물질에 작동하는 뉴런도 있지만, 뉴런마다 각각 우선적으로 처리하는 신경 전달 물질이 따로 있다. 처음에는 우울증의 원인이 일부 뉴런에 신경 전달 물질이 부족한 데 있으며, 항우울제가 바로 그 결핍을 보충해 준다는 가설이 지배적이었다. 특히 일부 항우울제가 세로토닌과 노르아드레날린, 도파민에 영향을 미친다는 사실 때문에 이 가설은 더욱 힘을 얻었다. 따라서 예전에는 일시적인 신경 전달 물질의 결핍을 바로잡으면 우울증을 치료할 수 있다고 여겼다.

그런데 오늘날의 도식은 훨씬 더 복잡하다. 우선 동일한 생화학계(예를 들어 세로토닌계)에 작용하는 항우울제라도 그것이 뉴런의 어떤 부분에 고착되는가에 따라 그 효과가 크게 달

● ● ●

도파민 동식물에 존재하는 아미노산의 하나이며 자외선의 작용으로 티로신에서 형성된다. 뇌신경 세포의 흥분 전달에 중요한 구실을 한다. 부족하게 되면 파킨슨병이 생긴다.

라진다는 사실이 밝혀졌다.

또한 세로토닌에 작용하는 항우울제라 하더라도 종류에 따라 효과가 정반대로 나타날 수 있다는 것도 알아냈다. 세로토닌을 신경 전달 물질로 사용하는 뉴런에서 신경 충동의 전달을 도와주는 항우울제가 있는가 하면, 그러한 전달을 차단하는 항우울제도 있기 때문이다.

그래서 이제는 뇌 뉴런에서 신경 전달 물질을 전달하여 첫 번째로 도착한 곳이 어디든 간에(세로토닌 수용체든, 도파민 수용체든, 노르아드레날린 수용체든, 또는 또 기타 물질에 대한 수용체든 간에) 모든 항우울제는 감정적이고 정서적인 현상에 관련된 신경망 내에서 복잡한 조절 작용을 끊임없이 야기한다고 보는 추세이다. 실제로 항우울제가 작용하기까지 시간이 오래 걸리는 이유도 이러한 조절 작용의 복잡함 때문이라고 볼 수 있다.

또한 다양한 항우울제로 일어나는 뇌의 화학 변화가 궁극적으로 같은 효력을 가져오는 것을 볼 때 '최종 공통 경로', 다시 말해 항우울제가 작용하는 과정에서 반드시 거치는 일정한 신경 변화가 있을지도 모른다.(현재는 그 최종 공통 경로가 노르아드레날린계에 있다는 쪽으로 의견이 기울고 있다.)

한편 최근에 나온 항우울제들이 신경 생물학적으로 볼 때

서로 정반대되는 작용 양상을 보인다는 점도 주목할 만하다. 특정 유형의 수용체에만 선별적으로 작용하기 때문에 선택되는 항우울제가 있는가 하면, 여러 주요 뇌 생화학계에 폭넓게 작용하기 때문에 선택되는 항우울제도 있다. 어느 쪽에서 특기할 만한 발전이 이루어질지는 예측하기 어렵다.

심리 치료에 대한 내용으로 넘어가기 전에 한 가지 꼭 말해 둘 사항이 있다. 즉 우울증에서 문제가 되는 것이 뇌의 신경 전달 물질계만은 아니라는 점이다. 다른 주요 생체 시스템 역시 우울증에서 중요한 역할을 한다.

예를 들어 우울증에 걸리면 코르티코이드와 관련된 호르몬 조절에 이상이 나타나기도 한다. 코르티코이드는 부신 피질에서 분비되는 호르몬으로서 스트레스에 대한 다양한 반응과 면역 기능에 관계한다.

● ● ● ●

부신 피질 신장 윗부분에 있는 내분비 기관인 부신의 바깥쪽을 둘러싸고 있는 내분비 조직. 스테로이드계의 호르몬을 분비한다.

심리 치료는 어떻게 하는 것일까?

심리 치료는 대화를 우선적으로 사용하고, 이론적 모델을 참고로 해서 행해지는 치료 방법이다. 예를 들어 정신 분석 치료는 오스트리아의 의사 지그문트 프로이트 의 이론 을 참조하고, 인지 행동 치료는 개의 타액 분비 조건 반사 연구로 유명한 러시아 생리학자 이반 파블로프 의 조건 형성 이론 을 참조한다.

● ● ● ●

지그문트 프로이트(1856~1939) 오스트리아의 심리학자이자 신경과 의사이다. 정신 분석학의 창시자로, 인간의 무의식을 바탕으로 한 심층 심리학을 세워 이후 심리학과 문학 등에 많은 영향을 끼쳤다. 대표적인 저서로는 『정신 분석 입문』, 『꿈의 해석』 등이 있다.

프로이트 이론 프로이트에 따르면 신경증 증세는 무의식에 존재하는 억압된 본능적 욕구와 의식의 차원 사이의 갈등을 제대로 극복하지 못했기 때문에 발생한다. 따라서 무의식의 본능적 욕구를 의식화시키는 것이 프로이트가 말하는 정신 분석 요법의 요점이다.

조건 반사 개에게 종소리를 들려준 다음, 먹이를 주는 일을 여러 번 반복하면 나중에는 종소리만 들려줘도 개가 침을 흘린다. 여기서 파블로프는 먹이가 입 속에 들어감으로써 침이 분비되는 것을 무조건 반사라고 하고, 종소리에 대한 반응, 즉 원래 먹이와는 전혀 관계가 없으나 그 다음에 먹이가 나온다는 것을 경험적으로 알게 되어 침이 분비되는 것을 조건 반사라고 하여 두 가지를 구별했다.

이반 파블로프(1849~1936) 러시아의 생리학자. 개를 대상으로 한 조건 반사 연구로 대뇌 생리학 분야를 개척했다. 1904년 노벨 의학상을 수상했다.

심리 치료는 정신과 의사나 심리 치료사와 함께해야 한다. 정신과 의사는 대부분 심리 치료사로서 심리 치료를 실시할 수 있을 뿐만 아니라 약을 처방할 수 있다. 반면 심리 치료사 중에는 심리학자처럼 의사가 아닌 사람들도 있다. 그런 사람들은 처방전을 작성할 수 없으며 작성해서도 안 된다.

인지 행동 치료는 환자의 사고 방식이나 행동 방식에 적용되는 조건 형성–비조건 형성 기법을 이용한다. 우울증 주기가 되면 이치에 맞지 않게 생각하는 환자에게 도움이 된다.

인지 행동 치료는 가장 먼저 우울증 환자에 대해 '인지 분석'을 한다. 다시 말해 치료자가 환자의 현재 추론 방식을 이해한 다음 그 내용을 환자에게 설명하는 것이다.

이 과정을 통해 인지 행동 치료자는 우울증 환자가 다소 복잡한 추론을 거쳐 자기 주위에서 좋지 않은 일이 일어나는 것은 모두 자신의 탓으로 돌리고 있다는 사실을 알아낼 수 있다. 이런 유형의 추론을 **인지 왜곡**이라고 부르는데, 우울증에서 나

• • • •

조건 형성 이론 조건 형성이란 자극과 반응의 관계가 반복된 경험에 의해 고착화되는 과정을 말한다. 예를 들어 파블로프의 실험에서 개가 종소리를 듣고 침을 흘리는 것은 조건화되었기 때문이다. 반대로 자극과 반응의 연결을 푸는 것을 탈조건 형성이라고 한다.

우울증 환자는 주변에 안 좋은 일이 일어나면 모두 자기 탓으로 돌리는 인지 왜곡이 나타난다.
우울증에는 자기 비하가 깊게 자리 잡고 있는 것이다.

타나는 전형적인 모습이다.

　인지 왜곡의 기저에는 우울증의 특징인 자기 비하가 깊게 자리 잡고 있다. 그런 환자에게 자신의 추론이 전혀 객관적이지 않으며 감정 상태의 결과일 뿐이라는 점을 깨닫게 하면, 앞으로는 비슷한 추론이 진전되는 것을 막을 뿐만 아니라 정상 상태에 더 가까운, 다시 말해 자기 자신을 비하하지 않는 사고방식을 되찾도록 도울 수 있다.

　인지 행동 치료를 지지하는 심리 치료사들은, 우울증 환자는 슬픔으로 인해 모든 일을 자기 탓으로 돌리는 우울증적인 추론을 행하고, 자신을 비하하는 그 추론으로 인해 다시 슬픔이 가중되는 식으로 악순환에 빠져 있는데, 추론 방식을 변화시킴으로써 그 고리를 끊으면 우울증을 치료할 수 있다고 말한다. 실제로 환자가 그러한 치료법을 받아들였을 경우, 일반적으로 우울증 증상이 크게 개선되는 것을 볼 수 있다.

　정신 분석적인 심리 치료(정신 분석 치료 또는 정신 분석의 영향을 받은 심리 치료)는 어린 시절에 정서적인 문제가 있었거나, 우울증에 걸리지 않았을 때에도 인간 관계에 문제가 많은 환자들에게서 나타나는, 신경증˚적인 우울증에 더 적합하다.

　프로이트는 어린 시절에 겪었던 일을 다시 일깨우게 되는 상실이나 버려짐 또는 큰 슬픔과 같은 경험을 우울증의 중심점

이자 시작점으로 보았다.

그래서 아주 어렸을 때 어떤 일이 일어났는지, 그 일이 왜 지금 반향을 일으키는지 환자가 이해할 수 있도록 도와주면, 환자가 슬픔이나 자기 비하와 같은 감정을 극복할 수도 있다는 것이다. 그리고 무엇보다도 힘들고 부담이 되는 일이 또다시 닥쳤을 때 그런 감정이 다시 생기는 것을 막을 수도 있다는 것이다.

인지 행동 치료에서와 마찬가지로, 분석적인 심리 치료에 임하는 사람은 정신 분석의 이론적 전제를 편하게 받아들이고, 자신의 과거를 철저하게 연구하려는 자세를 갖는 것이 중요하다. 또한 자신이 무의식적으로 깊이 묻어 놓았던 것, 그리고 이제는 자기 스스로 드러내는 것 때문에 때로는 혼란스러울 수도 있다는 점을 감수해야 한다.

● ● ● ●

신경증 영국의 의사 컬린(1710~1790)이 처음으로 사용한 말. 처음에는 신경계 장애로 일어나는 병을 광범위하게 가리켰으나, 오늘날에는 개인에게 중대한 의미를 갖는 경험으로 인해 나타나는 심리적이고 신체적인 장애를 말한다. 주로 두통과 가슴 두근거림, 불면 등의 현상이 나타나며 불안 신경증과 강박 신경증, 히스테리, 공포증 등이 있다. 프로이트는 신경증이란 위기 상황에서 회피하고자 하는 방어 반응이라고 했는데, 그렇기 때문에 문화마다 신경증을 일으키는 원인과 양상은 다양하다는 것이 요즘의 정설이다.

따라서 심리 치료를 실행해야 할지 말아야 할지 여부와, 어떤 방법을 택하고 어떤 방향으로 치료해 나갈 것인지 하는 부분은 대부분 환자의 선택에 달려 있다. 아울러 치료에 적극적으로 뛰어들 것을 결심하는 것도 환자의 몫이다.

일반적인 인식과는 달리, 항우울제 치료와 심리 치료를 동시에 쓸 수 없는 것은 아니다. 보통 행동주의 심리 치료사는 실리를 우선시하여 항우울제 치료를 특별히 반대하지 않았던 반면, 정신 분석가들은 오랫동안 분석적 치료 중에는 항우울제를 처방하지 않았고, 오히려 거북하게 여겼다.

정신 분석가 입장에서는 프로이트의 이론을 바탕으로 환자와 의사가 밀접한 관계를 유지하면서 형성된 두 사람만의 관계에 낯선 항우울제가 침입하는 것이 생소하고 당황스러웠기 때문이다.

하지만 이제 정신 분석가들은 대부분 우울증을 존중해야 한다는 생각을 포기했다. 우울증으로 고통받는 환자를 존중하는 것이 더 중요하고, 무엇보다도 그 고통을 덜어 주는 것이 가장 중요하다고 인정한 것이다.

심한 우울증 증상은 정신 분석적 치료에도 걸림돌이 되므로 약물 치료의 도움을 받는 것이 좋다.

반면 병적인 우울증 증상이 아닌 '우울증적 동요', 즉 심리 치료 중에 관찰되는 일시적인 슬픔이나 불안 때문에 약물 치료를 할 필요는 없다. 게다가 그런 일시적인 동요는 심리 치료 과정에서 진짜 우울증의 원인을 밝히는 실마리 역할을 하는 경우도 종종 있다.

우울증에 정신 분석적 심리 치료가 얼마나 효과가 있는지는 여전히 정확하게 말할 수 없는 상황이다. 정신 분석가는 자신의 일이 본래 평가받을 수 없는 것이라고 여기기 때문에 어떤 잣대를 가지고 병에 대해 평가하는 것 자체를 근본적으로 싫어한다.

실제로 정신 분석가들은 자신의 일을 병이라는 기준에서 따지지 않는다. 그들은 우울증을 치료하는 게 아니라, 인생에서 어려움을 만난 사람이 성격상 혼자서는 적절한 해답을 찾을 수 없을 때, 그 어려움에 대처할 능력을 자기 안에서 찾도록 도와주는 것이라고 여긴다.

따라서 정신 분석적 치료는 가벼운 우울증 증상을 치료하는 데에는 큰 의미가 없다. 우울증이 자주 재발하는 환자들 중에는 재발의 원인이 되는 성격 기능 장애를 보이는 경우가 있는데, 그러한 경우 정신 분석이 재발 방지에 중요한 도구가 될 수 있다.

인지 행동 치료는 우울증 증상을 치료하는 데 확실한 효력을 나타내며, 특히 증상이 심하지 않을 경우에는 더욱 효과가 좋다. 하지만 실행에 옮기기가 상대적으로 부담스럽기 때문에 일반적으로 일회적인 우울증에는 항우울제를 더 선호하는 편이다.

그러나 우울증이 연속적으로 재발하는 환자에게 인지 행동 치료를 쓸 경우 항우울제 치료에 따른 재발 방지 효력을 때로 현저하게 향상시켜 주며, 항우울제 치료를 대신하는 경우까지 있다.

3

우울증 치료를 어렵게
만드는 것은 무엇일까?

치료에 대한 저항이 일어나기 때문일까?

어떤 병을 치료를 하는데도 잘 낫지 않을 때, 사람들은 종종 치료에 대한 **저항**을 이유로 든다. 우울증의 경우에도 세 가지 유형의 저항이 있다. 즉 허위 저항과 증상 치료에 대한 저항, 재발 방지 치료에 대한 저항이다.

허위 저항은 적절하고 정확한 조건을 지켜서 치료하지 못했을 때 생긴다. 약이 몸에 맞지 않았다든지 약의 양이 적절하지 못했다든지 치료 기간이 너무 짧았다든지 등과 같은 이유에서 비롯된다. 그러한 작은 오류를 고치는 것만으로도 치료 효과가 생겨 환자의 상태가 호전된다.

증상 치료에 대한 저항은 자주 일어나지 않는다. 첫 번째 항우울제 치료를 하고 나면 우울증 증상 중 절반 이상이 현저하게 개선되기 때문이다. 첫 번째 치료에서 효과가 별로 없었다고 해도, 두 번째로 치료하거나 다른 항우울제를 써서 세 번째 치료까지 하면 우울증 증상은 80퍼센트 이상 개선된다. 다시 말해 우울증 증상이 정말 끈질기게 남아 있는 환자는 비교적 적다.

따라서 주의해야 할 점은 첫 번째 항우울제 치료에서 기대했던 결과가 나타나지 않았다고 해서 낙담하지 말아야 한다는 것이다. 특정 환자에게 어떤 항우울제가 가장 적합할지 미리 알 수 없으므로, 환자에게 알맞은 약을 찾아 확인하기까지 인내심을 발휘해야 할 경우도 있다. 다행히도, 어떤 약이 가장 좋은 약인지 확인하기 위해 계속해서 여러 번 시도를 해야 하는 경우는 많지 않다.

재발 방지 치료에 대한 저항은 연이은 재발을 막는 데 성공하지 못했을 때 만나는 유형이다. 적합한 치료를 계속했는데도 우울증 증상이 또다시 나타났다면, 재발 방지에 실패했다는 뜻이 된다.

그런데 대부분 그러한 저항은 치료를 다양하게 적응시켜 봄으로써 극복할 수 있다. 다만 적합한 해결책을 찾기까지 시간이 오래 걸릴지도 모른다. 따라서 우울증이 길어지거나 재발한다 해도 단념해서는 안 된다.

우울증은 여러 가지 결과를 초래하는 심각한 병이라는 것과, 치료 과정이 복잡하고 오래 걸린다 해도 지극히 당연한 일이라는 걸 명심해야 한다.

치료 순응이란 무엇이고 왜 어려울까?

우울증 치료를 돕고 재발을 방지하기 위한 관건은 치료 순응, 즉 환자가 약물 처방이나 심리 치료를 정확하게 따르는 것에 달려 있다.

치료 순응이 제대로 이루어지지 않는 병들을 보면 몇 가지 특징이 있다.

첫 번째는 병이 몇 달에서 몇 년씩 지속되면서 **만성**이 된 경우다. 치료가 오래 지속될수록 환자는 어느 순간 의사의 의견을 따르지 않고 자기 마음대로 약의 복용량을 줄이거나 치료를 완전히 중단해 버릴 위험이 커진다. 특히 3개월 정도 되면 심리적으로 중요한 고비를 맞는 것으로 보인다.

두 번째는 정신 장애 자체가 치료 순응이 잘 되지 않는 문제를 안고 있다. 현실성이 없어서, 또는 나약해서, 의지가 박약해서 나타나는 것처럼 보이는 병에 심리적 도움이나 약물의 도움이 필요하다는 것을 받아들이기가 어렵기 때문이다. 흔히 마음만 먹으면 그런 건 충분히 나을 수 있다고 말한다.

끝으로, 아무런 병적 징후나 증상 없이 나타나 '소리 없는 질병'이라고 불리는 병도 치료 순응이 잘 되지 않는다. 뚜렷한 증상이 없어도 재발이나 합병증을 막기 위해 예방적인 목적에서 치료를 계속해야 하는 경우도 이에 해당한다.

그런데 문제는 우울증이 이 세 가지 조건에 다 들어맞는다는 것이다!

앞에서 이야기한 세 가지 외에도 우울증에서만 나타나는 몇몇 특징들로 인해 치료 순응은 더욱 어려워진다.

예를 들어 우울증 증상 중 아주 빈번하게 나타나는 자기 비하 때문에 환자가 치료를 스스로 포기할 수도 있다. 자기 비하의 늪에 빠진 환자는, 자신의 불행은 자기 자신에게 책임이 있다고 확신하며, 따라서 자신은 남의 관심을 받을 자격이 없다고 생각한다.

비관주의도 문제이다. 환자가 스스로 아무것도 자신을 도와줄 수 없다고, 무엇을 하든 결국에는 나빠지기밖에 더하겠냐고 생각하는 것이다.

치료 순응과 관련된 어려움은 6~12개월 동안 치료해야 하는 극심한 우울증에서 주로 나타난다. 더욱이 재발을 막기 위해 항우울제 치료가 몇 년 동안 계속될 경우에는 가중될 것이다.

재발을 여러 번 겪어 봤기에 사정을 잘 알면서도 예방 치료를 그만두기로 결정하는 환자도 있다. 또다시 재발할 위험이 크다는 것을 알면서도 위험 부담을 떠맡는 쪽을 선택하고, 재발하더라도 항우울제 치료를 하지 않는다. 일단은 몇 주가 지나면 우울증 증상이 사라진다는 것을 알기 때문이다.

이는 치료 순응이 제대로 되지 않는 것이 문제가 아니라, 환자가 자유롭게 선택한 결정과 관련된 문제다. 그러한 경우에 의사는 우울증 환자가 필요한 정보를 모두 가지고 있는지 확인해야 한다. 예를 들어 우울증이 재발할 때마다 다음 번에도 또 재발할 가능성이 조금씩 더 커진다는 사실을 환자가 잘 알고 있는지 확인할 필요가 있다.

한편, 치료에 관해 의사와 아무런 상의도 없이 종종 경솔한 결정을 내리는 우울증 환자도 많다. 이 역시 치료 순응이 제대로 되지 않은 경우이다. 그런 환자들은 재발 위험을 잘 파악하지 못하거나 재발에 대한 치료를 등한시하기 때문이다.

또한 자신에게 처방된 약이 진짜로 필요한 것보다 훨씬 더 양이 많을 거라고 확신하는 환자도 많다.

그리고 우울증 환자들이 치료 순응에서 벗어나는 수많은 이유 가운데 빼놓을 수 없는 것은, 치료를 제 생각대로 바꾸는 경

항우울제 치료를 받다가 중단하거나
의사와 상의하지 않고 처방을 지키지 않으면 우울증이 재발할 위험이 커진다.

향을 가지고 있다는 점이다. 이상하게도 환자들 중 어떤 사람들은 일반적으로 자신이 먹겠다고 결정한 약의 양은 늘리고, 반대로 의사가 처방한 약의 양은 줄이려는 경향이 있다. 가장 흔히 볼 수 있는 태도는 처방전에서 지시한 양을 일단 절반으로 줄이는 것이다.

물론 이렇게 해서 큰 문제가 생기지 않는 질환도 있다. 예를 들어 유행성 감기에 처방된 아스피린을 반으로 잘라 먹었다면, 통증이 줄어드는 정도가 좀 덜하거나 열이 충분히 내리지 않을 수는 있지만, 병의 진행 양상이 달라지는 것은 아니다.

하지만 훨씬 심각한 문제가 되는 병도 있다. 이를테면 항생제는 절반만 먹으면 아무런 효과가 없을 뿐만 아니라, 오히려 병원균의 내성만 키워 주게 된다.

우울증의 경우에는, 이미 앞에서 이야기했듯이 약을 처방된 양보다 적게 복용하면 치료 효과가 보통 무효로 돌아가 버린다. 치료 초반부터 복용량이 불충분하면 우울증이 낫질 않고, 좋아지는 게 눈에 띄자마자 약을 줄이면 3개월 후에 재발할 위험이 아주 크다. 그런데도 많은 우울증 환자들은 증상이 조금 나아졌다 싶으면 일단 약부터 줄이려고 한다.

따라서 치료 순응에서 벗어난 환자들에게 주의를 기울이는 일은 매우 중요하다. 이는 우울증 자체를 치료하는 데 크게 도움이 될 뿐만 아니라, 우울증 재발에 따른 고통을 줄여 주고, 우울증이 가정과 직장, 사회에 미치는 부정적인 영향까지 동시에 막아 줄 수 있다. 곧 우울증 치유를 향해 한 걸음 더 나아갈 수 있는 것이다.

4

우울증은
완치될 수 있을까?

우울증은 완치될 수 있을까?

의사는 병을 고치기 위해 존재한다. 그런데 참으로 모순되게도 의사들은 '완치'라는 용어를 불편하게 여기는 일이 종종 있다.

물론 완치라는 개념이 완벽하게 통하는 병도 있다. 이를테면 유행성 감기는 대부분 완치된다. 보름 정도가 지나면 더 이상 병을 앓을 일이 없다. 증상도 없고, 합병증도 없고, 다른 병이나 새로운 유행성 감기에 걸릴 위험이 커지는 것도 아니다. 오히려 감기는 한번 치르고 나면 면역성이 더 강해져서 몇 달 동안은 다른 감기에도 잘 걸리지 않는다.

마찬가지로 다리 골절이나 폐렴, 급성 관절 류머티즘도 대부분 확실히 고칠 수 있는 병이다. 물론 경우에 따라서는 후유증이 남는 사례도 있지만 말이다. 심지어 백혈병이나 암까지도 완치가 가능하다. 그러나 이와는 달리 안타깝게도 현대 의학으로는 완치할 수가 없는 '불치병'도 엄연히 존재한다.

또한 완치할 수 있는 병과 완치할 수 없는 병이라는 단순한 공식을 따르지 않는 병도 많다. 동맥성 고혈압이 완치될 수 있을까? 물론 항고혈압제를 투여하여 치료하면 혈압 상승이 완화되고, 치료를 계속하는 동안에는 혈압이 정상으로 유지된다. 그리고 고혈압 합병증도 예방할 수 있다. 하지만 치료를 중단하면 혈압이 다시 올라가므로, 치료를 받는 동안 혈압이 정상으로 돌아갔다 해서 진짜 완치되었다고 말하기는 어렵다.

그리고 증세가 나타나는 시기가 매우 불확실하고 예측이 불가능한 상태로 진행되는 병도 있다. 예를 들면 건선˚이나 습진˚

- - - -

급성 관절 류머티즘 류머티즘은 근육이나 관절, 또는 그 근접 조직에 심한 통증과 운동 장애가 따르는 병을 말하며, 급성과 만성이 있다. 급성 관절 류머티즘의 경우 '류머티즘열'이라고 부르기도 할 만큼 몸에 열이 많이 나고, 관절이 부으면서 통증이 온다. 젊은 층에 많은 편이다.

건선 피부에 작은 좁쌀 같은 발진이 생기면서 그 위에 하얀 각질이 겹겹이 쌓여 나타나는 만성 피부 질환. 일명 마른버짐이라고도 불린다.

습진 피부 표면에 염증이 생기면서 가려움을 유발하고, 물집이나 고름 따위가 생기는 피부 질환.

이 그렇다. 증세가 나타나지 않는 동안에는 병의 징후조차 알 수 없지만 치료를 해서 증세가 더 이상 나타나지 않으면 병이 완치되었다고 말한다. 그러나 증상이 다시 나타났다 하면 완치라는 용어는 바로 거두어야 하며, 완치된 것이 아니라 단지 병의 증상을 유보시켰던 것뿐임을, 즉 일시적인 차도를 보인 것에 지나지 않았음을 인정해야 한다.

우울증도 이와 마찬가지다. 우울증 증상이 모두 사라진 뒤에 환자에게 다시 우울증 증상이 나타나는지 아닌지에 따라 완치인지 일시적인 차도를 보인 것인지 알 수 있다. 일종의 '조건부 치유'인 셈이다.

우울증 환자의 머리 위에는 재발이라는 다모클레스의 칼이 매달려 있고, 환자는 그 칼을 피하기 위해 할 수 있는 모든 것은 다 해야 하는 것이다.

• • • •

다모클레스의 칼 다모클레스는 기원전 4세기 사람으로, 시칠리아 시라구시의 참주인 디오니시우스 1세의 신하였다. 디오니시우스 1세는 왕의 행복을 부러워하고 아첨하는 다모클레스를 초대해 하루 동안 왕좌에 앉히고 자기 옷을 입힌 뒤 훌륭한 음식을 주었다. 그런데 좋아 어쩔 줄 모르던 다모클레스의 머리 위에는 날카로운 칼이 말총 한 가닥에 매달려 있었다. 나중에야 이를 알아챈 다모클레스는 혼비백산해서 왕좌에서 물러나왔고, 왕좌란 행복뿐만 아니라 위기와 불안이 함께 있는 자리임을 깨달았다고 한다.

치료를 하면 우울증 증상이 사라진다는 것은 확실하다. 오래 걸린다 해도 6~8주를 넘기는 경우가 드물다. 그렇지만 우울증을 이미 여러 번 겪은 사람은 앞으로 어떻게 될지 예측하기가 더 어렵다.

"우울증에서는 절대로 완전히 벗어날 수 없다."는 말은 틀린 말이다. 살면서 우울증을 겪은 사람 중 절반 이상이 완치되어, 그 이후로는 더 이상 증상을 보이지 않는다. 하지만 우울증이 주기적으로 재발하는 수많은 환자들이, 너무나 자주 듣게 되는 그 짧은 문장에 의미를 두고 믿는다.

우울증이란 운명이라고 하는 사람도 있는데, 그 역시 잘못된 말이다. 우울증이 재발하는 이유는 대부분 항우울제를 통한 예방 치료를 중단했다거나, 심리 치료의 도움을 포기한 것에 관계되어 있기 때문이다.

우울증에 취약한 성격으로 재발 위험이 아주 높은 환자라 하더라도, 완치가 되고 되지 않고는 단지 치료를 계속하고 있느냐 아니냐에 좌우될 때가 많다. 하루에 항우울제 한 알이면 안정을 찾는 환자들의 경우, 치료는 정말 해 볼 만한 가치가 있다. 더군다나 일반적으로 널리 퍼진 선입견과는 달리 항우울제는 중독성이 없다. 치료를 중단하고 난 후 며칠 동안 가벼운 박탈 증상이 나타날 때도 있지만, 그것도 매우 드물다.

물론 오랜 시간 치료를 계속한다는 것은 매우 귀찮고 힘이 드는 일이다. 그리고 거기에 드는 비용도 만만치 않다. 병을 고치는 것은 값을 따질 수가 없다고 해도 확실히 시간과 돈이 들어가는 일이니만큼 부담이 될 수밖에 없다. 게다가 재발한다는 것도 그저 통계적이고 추상적인 가능성에 지나지 않는 만큼, 치료를 중단하고픈 마음이 더욱 강해질 수밖에 없다. 치료를 중단하자마자 인체 내 갑상선 호르몬의 수치가 바로 떨어져 버리는 갑상선 기능 저하증과는 다른 것이다. 우울증의 경우, 치료를 중단했을 때 재발하는 사람과 재발하지 않는 사람을 확실하게 결정하는 개별적인 지표가 없다.

그러나 정신 의학 전문가들은 이렇듯 불확실한 우울증의 치료에 대해서 한 가지는 합의하고 있다. 몇 년 사이 우울 삽화가 세 번 이상 나타났을 경우에는 적어도 5년에서 10년 동안 치료를 계속하도록 권하는 것이다.

그 정도로 노력을 기울인다면, 여러 번 우울증이 재발해 고생한 환자들까지도 완치의 행복을 누릴 수 있을 것이다.

· · · ·

우울 삽화 우울증 증상이 나타나서 사라지기까지 주기. 우울 삽화가 일생 동안 한 번 일어났다면 단일형, 한 번 이상 재발했다면 재발형이라고 구분한다.

근본적인 치료는 어떻게 가능할까?

우울증에 관한 한 의사들이 우울증의 진단 및 치료에 대해 더 공부하고 더 교육을 받는다고 모든 문제가 해결되는 것은 아니다. 또한 환자가 자신이 가진 문제와 치료 과정에서 해야 할 역할에 대해 완벽하게 숙지한다고 해결되는 것도 아니다. 어쩌면 그보다 더 필요한 것은 바로 사회 전체가 변화하는 것이다.

사람은 두려워하는 대상을 거부하고 배척한다. 그런데 두려움은 대개 무지에서부터 생겨난다. 인종 차별주의, 외국인 혐오증, 동성애 혐오증은 그 소수 집단의 현실에 대해 모르는 사람, 사실은 순전히 상상에 지나지 않는 두려움에서 자신을 지키려고 남을 배척하는 사람들에게서 나타난다.

우울증 환자에 대한 차별도 마찬가지이다. 우울증에 대해 좀 더 잘 알게 되면, 우울증 환자를 비난한다거나 상처가 되는 시선을 던지는 일은 줄어들 것이다. 우울증에 대해 제대로 알지 못하므로, 우울증의 원인과 치료 방법에 대해서 오해하게 된다. 뿐만 아니라 그저 힘만 내면 된다는 식으로 환자의 역할을 축소시키고 왜곡하는 등 잘못된 생각을 자기도 모르는 사이에 주위에 퍼뜨리게 된다.

무지로 인해 이 사회가 우울증 환자를 구석으로 몰아넣고, 죄인 취급을 하고 있다. 그렇지 않아도 우울증 환자는 무능한 자신에게 모든 잘못이 있다고 생각해 세상으로부터 이미 벗어 나려고 하는데 말이다. 그런 사회를 바꾸어 가는 것이야말로 우울증이 던지는 진짜 도전 과제가 아닐까?

더 읽어 볼 책들

- 권석만, 『우울증』(학지사, 2000).

- 권석만, 『현대 이상심리학』(학지사, 2003).

- 이민수, 『우울증 119』(가림, 2005).

- 케임 매켄지, 전우택 옮김, 『우울증』(아카데미아, 2005).

옮긴이 | 김성희

부산대 불어교육과 및 동대학원을 졸업했으며 현재 전문 번역가로 활동 중이다.

민음 바칼로레아 33

우울증을 어떻게 이길까?

2판 1쇄 펴냄 2021년 3월 30일
2판 5쇄 펴냄 2024년 8월 8일

1판 1쇄 펴냄 2006년 7월 25일

지은이 | 크리스티앙 스파돈
감수자 | 김정욱
옮긴이 | 김성희
발행인 | 박근섭
펴낸곳 | ㈜민음인

출판등록 | 2009. 10. 8 (제2009-000273호)
주소 | 06027 서울 강남구 도산대로 1길 62 강남출판문화센터 5층
전화 | **영업부** 515-2000 **편집부** 3446-8774 **팩시밀리** 515-2007
홈페이지 | minumin.minumsa.com

도서 파본 등의 이유로 반송이 필요할 경우에는 구매처에서 교환하시고
출판사 교환이 필요할 경우에는 아래 주소로 반송 사유를 적어 도서와 함께 보내주세요.
06027 서울 강남구 도산대로 1길 62 강남출판문화센터 6층 민음인 마케팅부

㈜민음인은 민음사 출판 그룹의 자회사입니다.